마법
술술한자

KB026556

지은이 **박두수**

• 한학자 집안에서 태어나 어려서부터 부친께 한문을 배우기 시작하여 가업을 잇는다는
  정신으로 대학에서 한문을 전공하였습니다.

• 한자 때문에 힘들어서 울고 있는 어린 여학생을 보고, 저자도 어린 시절 부친께 한문을
  배우면서 괴롭고 힘들었던 기억이 생각나 어떻게 하면 어려운 한자를 쉽게 가르칠 수 있
  을까 연구하였습니다.

• 오랜 시간 한자를 연구하여 새로운 뜻과 새로운 모양의 부수를 완성한 후 한자의 자원을 쉽게 풀이하고, 부수를 통
  해서 한자를 중국어 간화자로 변환시킬 수 있는 중국어 학습법을 개발하여 뜨거운 호응을 얻고 있습니다.

• 저자가 연구하여 완성한 새로운 뜻과 새로운 모양의 부수를 통해서 쉽게 배우는 한자와 중국어 간화자 학습법을 알
  리기 위하여 일간신문에 '박두수의 술술한자' 를 연재하고 있습니다.

• 저서로는 새로운 뜻과 새로운 모양의 부수를 제시하여 전국 판매량 1위를 기록한 한자능력검정시험 수험서 《마법
  술술한자》(전9권), 초등학교 교과서를 분석하여 초등학생의 눈높이에 맞는 한자 공부법을 제시한 《초등 학습 한자》
  (전6권), 한국어문회에서 실시하는 《한자능시 기출 · 적중 문제집 3급》, 대한상공회의소에서 실시하는 《상공회의소
  한자시험 중급》 등이 있습니다.

이메일 : dshanja@naver.com
휴대폰 : 010-5052-5321

한국어문회 주관 | 한국한자능력검정회 시행

한자능력 검정시험 **8**급

한자카드 수록

마법 술술한자

박두수 지음

술술한자 시리즈 **2**

마법 술술한자 **부수**를 알면 한자가 쉽다!

ⓙ 중앙에듀북스

안녕하세요? 박두수입니다.

❶ 한자 학습 왜 해야 될까요?

 – 한자는 세계 인구의 26%가 사용하는 동양권의 대표문자입니다.
 – 우리말의 70% 이상을 차지하고 있는 것이 한자어입니다.

❶ 한자를 잘하면 왜 공부를 잘하게 될까요?

 – 한자는 풍부한 언어 문자 생활과 다른 과목의 학습을 도와주는 역할을 합니다.
 – 중학교 1학년 기본 10개 교과목에 2,122자의 한자로 약 14만 번의 한자어가 출현합니다.
 – 한자표기를 통한 학습에서 43%가 학업성적이 향상되었습니다.

❶ 쓰기 및 암기 위주의 한자 학습 이제 바뀌어야 합니다.

 – 한자는 뜻을 나타내는 표의자로 각 글자마다 만들어진 원리가 있습니다.
 – 한자는 만들어진 원리를 생각하며 학습하면 쉽게 익힐 수 있습니다.

❶ 올바른 한자 학습을 위해서는 부수를 제대로 알아야 합니다.

 – 부수는 한자를 이루는 최소 단위입니다.
  ❶ 日(해) + 一(지평선) = 旦(아침 단)　　**해가 지평선 위로 떠오를 때는 아침이니**
  ❷ 囗(울타리) + 人(사람) = 囚(가둘 수)　　**울타리 안에 죄지은 사람을 가두니**
  ❸ 自(코) + 犬(개) = 臭(냄새 취)　　**코로 개처럼 냄새 맡으니**
 – 올바른 한자 학습을 위해서는 一(지평선), 囗(울타리), 自(코)를 뜻하는 것을 알아야 되겠지요?

❶ 술술한자의 특색 및 구성

– 한자를 연구하여 새로운 뜻과 새로운 모양의 술술한자 부수를 완성하였습니다.

– 누구나 볼 수 있도록 초등학생 수준에 맞추어 풀이를 쉽게 하였습니다.

– 한자를 나누고 자원을 생각하며 공부할 수 있도록 구성하였습니다.

– 지속적인 반복과 실력을 확인할 수 있도록 다양한 평가를 구성하였습니다.

"선생님! 해도 해도 안 돼요. 한자가 너무 어려워요."

이렇게 말하면서 울먹이던 어린 여학생의 안타까운 눈망울을 보며 '어떻게 하면 한자를 쉽게 익힐 수 있을까' 오랜 시간 기도하며 연구하였습니다.

누구나 한자와 보다 쉽게 친해지게 하려는 열정만으로 쓴 책이라 부족함이 많습니다.

한자의 자원을 정확히 알기는 어렵습니다. 아직 4% 정도만 자원을 제대로 유추할 수 있다고 합니다. 다양한 또 다른 자원이 가능하다는 뜻입니다.

부디 술술한자 가 한자와 친해지는 계기가 되고 여러분께 많은 도움이 되기를 진심으로 기도합니다.

오랫동안 한자를 지도해 주시거나 주야로 기도해 주신 분들과 술술한자 가 출간될 수 있도록 도움을 주신 모든 분들께 진심으로 사랑과 감사의 말씀드립니다.

박두수 올림

한자 쉽게 익히는 법

❶ 한자는 무조건 쓰고 외우지 마세요.

1. 한자는 뜻을 나타내는 표의자입니다. 각 글자마다 형성된 원리가 있습니다.

> 예
> 鳴(울 명) : **입**(口)으로 **새**(鳥)는 울까요? 짖을까요? 울지요! 그래서 울 명
> 吠(짖을 폐) : **입**(口)으로 **개**(犬)는 울까요? 짖을까요? 짖지요! 그래서 짖을 폐

2. 한자는 모양이 비슷한 글자가 너무나 많아 무조건 쓰고 외우는 데는 한계가 있습니다.

> 예
> 閣(집 각) 間(사이 간) 開(열 개) 聞(들을 문) 問(물을 문) 閉(닫을 폐) 閑(한가할 한)

❶ 그럼 어떻게 공부해야 한자를 쉽게 익힐 수 있을까요?

1. 먼저 한자를 나누어 왜 이런 글자들이 모여서 이런 뜻을 나타내게 되었는지 생각해 보세요.

> 예
> 休(쉴 휴) = 亻(사람 인) + 木(나무 목)
> 왜? 亻(사람)과 木(나무)가 모여서 休(쉴 휴)가 되었을까요?
> **사람**(亻)이 햇빛을 피해 **나무**(木) 밑에서 쉬었겠지요? 그래서 쉴 휴

2. 한자를 익힌 다음은 그 글자가 쓰인 단어와 뜻까지 익히세요.

> 예
> 休日(휴일) : 쉬는 날
> 休學(휴학) : 일정기간 학업을 쉼

3. 그 다음 단어가 쓰인 예문을 통해서 한자어를 익히세요.

> 예
> 그는 休日 아침마다 늦잠을 잔다.
> 형은 가정 형편이 어려워 休學 중이다.

4. 비슷한 글자끼리 연관 지어 익히세요.

예				
門	+ 日	=	間(사이 간)	**문**(門)틈 사이로 **해**(日)가 비치니
	+ 耳	=	聞(들을 문)	**문**(門)에 **귀**(耳)를 대고 들으니
	+ 口	=	問(물을 문)	**문**(門)에 대고 **입**(口) 벌려 물으니

그래서 이렇게 만들었어요

❗ 모든 한자를 가능한 한 자원으로 풀이했습니다.

> **예** 生(날 생, 살 생) 풀이

- '초목이 땅에 나서 자라는 모양'이라고 합니다. 하지만 *쏙쏙한자* 는
- '사람(ㅗ)은 땅(土)에서 나 살아가니' 그래서 날 생, 살 생 이렇게 자원으로 풀이했습니다.

❗ 자원 풀이를 쉽게 했습니다.

- 자원 풀이 한자교재가 많지만 너무 학술적이어서 이해하기가 어렵습니다.
- *쏙쏙한자* 는 초등학생 수준에 맞추어 풀이를 쉽게 하였습니다.

> **예** 族(겨레 족) 풀이

- '깃발(㫃) 아래 화살(矢)을 들고 모여 겨레를 이루니'라고 합니다. 하지만 *쏙쏙한자* 는
- '사방(方)에서 사람(ㅗ)과 사람(ㅗ)들이 모여 큰(大) 겨레를 이루니' 이렇게 쉽게 풀이했습니다.

❗ 모든 한자를 쓰는 순서대로 자원을 풀이했습니다.

- 쓰는 순서를 무시한 자원 풀이는 활용하기가 어렵습니다.

> **예** 囚(가둘 수) = 울타리(口) 안에 죄지은 사람(人)을 가두니

❗ 자원 풀이와 한자 쓰기가 한곳에 있어 학습에 많은 도움이 됩니다.

- 자원 풀이 밑에 곧바로 쓰는 빈칸이 있어 자원을 보고 한자를 쓰면서 익힐 수 있습니다.

❗ 철저히 자원 풀이에 입각한 학습을 하도록 구성하였습니다.

- *쏙쏙한자* 는 자원을 보며 한자를 쓸 수 있도록 본문을 구성했으며, 연습과 평가 부분도 자원을 생각하며 한자를 익힐 수 있도록 구성하였습니다.

❗ 배운 한자를 활용한 단어학습과 예문으로 어휘력을 길러줍니다.

- 배운 글자로만 단어를 구성하여 학습하기가 쉽습니다.
- 모든 단어는 한자를 활용하여 직역 위주로 풀이하였습니다.
- 예문을 통하여 단어를 익힐 수 있도록 모든 단어는 예문을 실었습니다.

❗ 학교 교과서에 자주 나오는 한자어를 분석하여 실었습니다.

- 교과서에 자주 나오는 한자어의 뜻을 한자를 통해 쉽게 익힐 수 있습니다.

이 책은 이렇게 학습하세요

❗ 해당 급수 신습한자를 50자씩 가나다순으로 배열하여 한눈에 익히도록 하였습니다.

- 본문 학습 후 먼저 뜻과 음 부분을 가린 후 읽기를 점검하세요.
- 한자의 뜻과 음을 익히고 나면 한자와 부수 부분을 가린 후 쓰기를 점검하세요.

읽기? 뜻, 음을 가리고 읽어본 후 틀린 글자는 V표 하세요.
쓰기? 한자와 부수를 가리고 써본 후 틀린 글자는 V표 하세요.

읽 기		한 자	부 수	뜻	음	쓰 기	
❷ 1	2	❸ 教	❹ 攵	❺가르칠	❻교	1	2
		校	木	학교	교		

읽 기		한 자	부 수	뜻	음	쓰 기	
1	2	先	儿	먼저	선	1	2
		小	小	작을	소		

❶ **8** : 한자능력검정시험 급수 표시

❷ **1** **2** : 첫 번째 점검 후 틀린 글자는 번호 **1** 란에 표시를 하고, 두 번째 점검 후 틀린 글자는 번호 **2** 란에 표시를 하여 완전히 익히도록 합니다.

❸ **教** : 신습한자　　❹ **攵** : 부수　　❺ **가르칠** : 뜻　　❻ **교** : 음

❗ 1회 학습량은 10자 단위로 구성하였습니다.

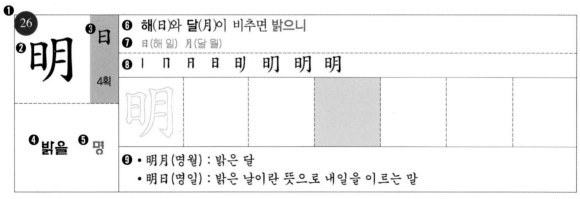

❶ **26** : 신습한자 번호

❷ **明** : 신습한자

❸ **日** **4획** : 부수와 부수를 제외한 획수

❹ **밝을** : 뜻

❺ **명** : 음

❻ **해(日)와 달(月)이 비추면 밝으니** : 글자를 나누어 쓰는 순서대로 풀이했습니다.

　　➡ 한자는 무조건 쓰고 외우기보다는 **日**(해 일)과 **月**(달 월)이 모여 왜 **明**(밝을 명)이 되었는지 자원을 이해한 후 읽으면서 써야 오래 기억됩니다.

❼ 日(해 일) 月(달 월) : 부수 설명 및 보충

❽ ㅣ ㄇ ㅐ 日 旫 明 明 明 : 필순

❾ 明日(명일) : 배운 글자로만 단어를 구성하였으며 직역 위주로 풀이를 하였습니다.

❗ 자원으로 한자와 부수를 익히는 부분입니다.

> ### 자원으로 한자 알기
>
> * **해(   )와 달(月)**이 비추면 밝으니　　　　　　　　　☞
>
> * **문(門)에 귀(   )**를 대고 들으니　　　　　　　　　　☞
>
> * **문(門)에 대고 입(   )** 벌려 물으니　　　　　　　　☞
>
> * **사람(   )이 나무(木)**에 기대어 쉬니　　　　　　　☞

(   ) 안에 들어가는 日(해 일)이 明(밝을 명)의 부수입니다.

(   ) 안에 부수 日을 쓰고 ☞ 오른쪽에 한자 明을 쓰세요.

예	해(日)와 달(月)이 비추면 밝으니　　　☞ 明

❗ 심화 학습하는 부분입니다.

一思多得

❶ 敎(가르칠 교)　校(학교 교) 쓰임에 주의하세요.

敎(가르칠 교) : 敎師(교사)　　敎室(교실)　　敎訓(교훈)

校(학교 교) : 校歌(교가)　　校門(교문)　　校長(교장)

❗ 문제와 해답

다양한 형식의 문제들에 대한 해답은 해당 문제의 앞뒤 페이지나 위아래에 위치한 반대 유형의 문제를 참고하시면 됩니다.

차례

본문 익히기 _11

❖ 신습한자 일람표
❖ 자원으로 한자 알기
❖ 한자를 나누고 자원을 쓰면서 익히기
❖ 한자어 독음 및 한자 쓰기
❖ 예문으로 한자어 익히기

종합평가 _47

❖ 훈음 및 한자 쓰기
❖ 배우고 익히기

부 록 _53

❖ 반대자
❖ 사자성어
❖ 약자
❖ 한자 카드 : 8급 한자 + 활용 단어 + 한자 구구단

본문 익히기

읽기? 뜻, 음을 가리고 읽어본 후 틀린 글자는 V표 하세요.
쓰기? 한자와 부수를 가리고 써본 후 틀린 글자는 V표 하세요.

읽기 1	읽기 2	한자	부수	뜻	음	쓰기 1	쓰기 2
		教	攵	가르칠	교		
		校	木	학교	교		
		九	乙	아홉	구		
		國	口	나라	국		
		軍	車	군사	군		
		金	金	쇠	금		
		南	十	남녘	남		
		女	女	계집	녀		
		年	干	해	년		
		大	大	큰	대		
		東	木	동녘	동		
		六	八	여섯	륙		
		萬	艹	일만	만		
		母	毋	어미	모		
		木	木	나무	목		
		門	門	문	문		
		民	氏	백성	민		
		白	白	흰	백		
		父	父	아비	부		
		北	匕	북녘	북		
		四	口	넉	사		
		山	山	산	산		
		三	一	석	삼		
		生	生	날	생		
		西	西	서녘	서		

읽기 1	읽기 2	한자	부수	뜻	음	쓰기 1	쓰기 2
		先	儿	먼저	선		
		小	小	작을	소		
		水	水	물	수		
		室	宀	집	실		
		十	十	열	십		
		五	二	다섯	오		
		王	玉	임금	왕		
		外	夕	바깥	외		
		月	月	달	월		
		二	二	둘	이		
		人	人	사람	인		
		一	一	한	일		
		日	日	날	일		
		長	長	길	장		
		弟	弓	아우	제		
		中	丨	가운데	중		
		青	青	푸를	청		
		寸	寸	마디	촌		
		七	一	일곱	칠		
		土	土	흙	토		
		八	八	여덟	팔		
		學	子	배울	학		
		韓	韋	나라	한		
		兄	儿	형	형		
		火	火	불	화		

| 1 | 敎 | 攵

7획

가르칠
종교   교 | 늙은(耂)이가 아들(子)을 치며(攵) 가르치니
耂(늙을 로) 子(아들 자) 攵(칠 복)   *教(敎의 속자이며 중국에서는 이렇게 씁니다.)

ノ メ 纟 耂 耂 耂 孝 孝 教 教

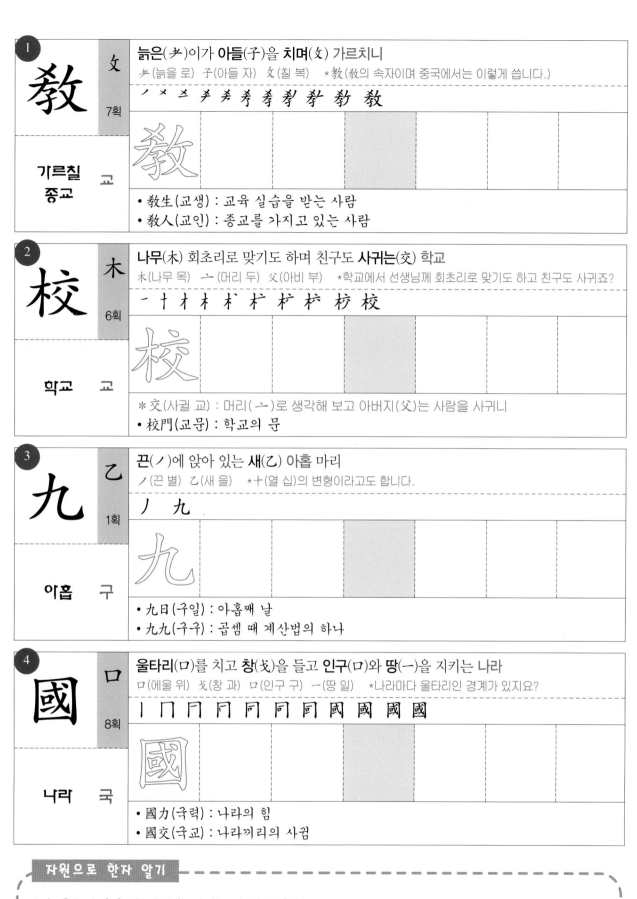

• 敎生(교생) : 교육 실습을 받는 사람
• 敎人(교인) : 종교를 가지고 있는 사람 |

| 2 | 校 | 木

6획

학교   교 | 나무(木) 회초리로 맞기도 하며 친구도 사귀는(交) 학교
木(나무 목) 亠(머리 두) 父(아비 부)   *학교에서 선생님께 회초리로 맞기도 하고 친구도 사귀죠?

一 十 才 木 杧 杧 杧 杧 校 校

*交(사귈 교) : 머리(亠)로 생각해 보고 아버지(父)는 사람을 사귀니
• 校門(교문) : 학교의 문 |

| 3 | 九 | 乙

1획

아홉   구 | 끈(ノ)에 앉아 있는 새(乙) 아홉 마리
ノ(끈 별) 乙(새 을)   *十(열 십)의 변형이라고도 합니다.

ノ 九

• 九日(구일) : 아홉째 날
• 九九(구구) : 곱셈 때 계산법의 하나 |

| 4 | 國 | 囗

8획

나라   국 | 울타리(囗)를 치고 창(戈)을 들고 인구(口)와 땅(一)을 지키는 나라
囗(에울 위) 戈(창 과) 口(인구 구) 一(땅 일)   *나라마다 울타리인 경계가 있지요?

丨 冂 冂 冃 国 国 国 國 國 國 國

• 國力(국력) : 나라의 힘
• 國交(국교) : 나라끼리의 사귐 |

자원으로 한자 알기

* 늙은(耂)이가 아들(子)을 치며( ) 가르치니   ☞

* 나무( ) 회초리로 맞기도 하며 친구도 사귀는(交) 학교   ☞

* 끈(ノ)에 앉아 있는 새( ) 아홉 마리   ☞

* 울타리( )를 치고 창(戈)을 들고 인구(口)와 땅(一)을 지키는 나라   ☞

⑤ 軍	車 2획	적에게 들키지 않으려고 **덮어**(冖) **수레**(車)까지 위장한 **군사**
		冖(덮을 멱) 車(수레 거)　*전쟁에 필요한 무기나 물자가 실려 있는 수레를 위장했다는 뜻입니다.
		冖 冖 冖 冖 冃 冒 宣 宣 軍
군사 군대	군	軍
		• 國軍(국군) : 나라의 군대 • 軍人(군인) : 군대에서 복무하는 사람

⑥ 金	金 0획	**사람**(人)이 **땅**(一)인 **흙**(土)에서 **팔**(丷)방으로 찾는 귀한 쇠
		人(사람 인)　一(땅 일)　土(흙 토)　丷(여덟 팔)　*금을 말하겠죠?
		丿 人 스 仐 仐 全 金 金
귀할 쇠 성	금 김	金
		• 金言(금언) : 귀중한 내용의 말 • 金氏(김씨) : 성이 김씨

⑦ 南	十 7획	**열**(十) 명이 **성**(冂)을 **나누어**(丷) **방패**(干)를 들고 남쪽을 지키니
		十(열 십)　冂(성 경)　丷(나눌 팔)　干(방패 간)
		一 十 十 肯 肯 肯 肯 南 南
남녘	남	南
		• 南山(남산) : 남쪽에 있는 산 • 南國(남국) : 남쪽에 위치한 나라

⑧ 女	女 0획	무릎을 굽히고 앉아 있는 **계집**의 모양
		마법 술술한자 부수 36번 참고
		〈 女 女
계집 딸	녀	女
		• 女子(여자) : 성이 여성인 사람 • 子女(자녀) : 아들과 딸

자원으로 한자 알기

* 적에게 들키지 않으려고 **덮어**(冖) **수레**(　)까지 위장한 **군사**   ☞

* **사람**(人)이 **땅**(一)인 **흙**(土)에서 **팔**(丷)방으로 찾는 귀한 쇠   ☞

* **열**(　) 명이 **성**(冂)을 **나누어**(丷) **방패**(干)를 들고 남쪽을 지키니   ☞

* 무릎을 굽히고 앉아 있는 **계집**의 모양   ☞

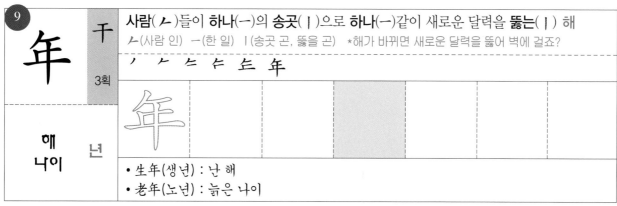

⑨ 年 해 나이	禾 3획 년	사람(ㅅ)들이 하나(一)의 송곳(丨)으로 하나(一)같이 새로운 달력을 뚫는(丨) 해 ㅅ(사람 인) 一(한 일) 丨(송곳 곤, 뚫을 곤) *해가 바뀌면 새로운 달력을 뚫어 벽에 걸죠? ノ ト ヒ ヒ ヒ 年
		• 生年(생년) : 난 해 • 老年(노년) : 늙은 나이

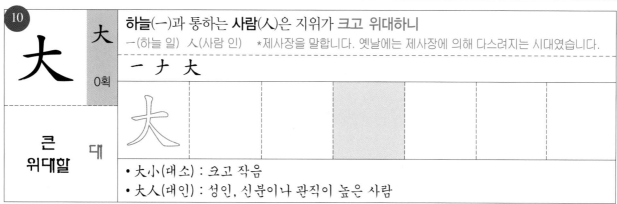

⑩ 大 큰 위대할	大 0획 대	하늘(一)과 통하는 사람(人)은 지위가 크고 위대하니 一(하늘 일) 人(사람 인) *제사장을 말합니다. 옛날에는 제사장에 의해 다스려지는 시대였습니다. 一 ナ 大
		• 大小(대소) : 크고 작음 • 大人(대인) : 성인, 신분이나 관직이 높은 사람

자원으로 한자 알기

* 사람(ㅅ)들이 하나(一)의 송곳(丨)으로 하나(一)같이 새로운 달력을 뚫는(丨) 해 ☞

* 하늘(一)과 통하는 사람(人)은 지위가 크고 위대하니 ☞

一思多得

① 教(가르칠 교) 校(학교 교) 쓰임에 주의하세요.

　　教(가르칠 교) : 教師(교사)　　教室(교실)　　教訓(교훈)
　　校(학교 교) : 校歌(교가)　　校門(교문)　　校長(교장)

② 校(교정할 교)

　　나무(木)를 교차(爻)시켜 바르게 잡듯이 교정한다는 뜻도 있습니다.
　　校正(교정) : 잘못된 글자를 바로 잡음

다음 한자를 나누고 **자원**을 쓰면서 익히세요.

教 가르칠 교 = ☐ + ☐ + ☐

校 학교 교 = ☐ + ☐

九 아홉 구 = ☐ + ☐

國 나라 국 = ☐ + ☐ + ☐ + ☐

軍 군사 군 = ☐ + ☐

金 쇠 금 = ☐ + ☐ + ☐ + ☐

南 남녘 남 = ☐ + ☐ + ☐ + ☐

女 계집 녀 = ☐

年 해 년 = ☐ + ☐ + ☐ + ☐ + ☐

大 큰 대 = ☐ + ☐

다음 한자어의 **독음**을 쓰세요.

教 生	教 人	校 門	九 日
九 九	國 力	國 交	國 軍
軍 人	金 言	金 氏	南 山
南 國	女 子	子 女	生 年
老 年	大 小	大 人	

 다음 한자어를 **한자**로 쓰세요.

가르칠 교	사람 생	학교 교	문 문	아홉 구	날 일	나라 국	힘 력
나라 국	군대 군	귀할 금	말씀 언	남녘 남	산 산	계집 녀	사람 자
날 생	해 년	큰 대	작을 소	종교 교	사람 인	아홉 구	아홉 구
나라 국	사귈 교	군사 군	사람 인	성 김	성 씨	남녘 남	나라 국
아들 자	딸 녀	늙을 로	나이 년	큰 대	사람 인		

1 중학교에 가서 **教生** 실습을 한 달 동안 했다.

2 어머니는 기독교 **教人**입니다.

3 수업이 끝나자 아이들이 **校門** 밖으로 우르르 나왔다.

4 삼촌은 **九日** 째에 퇴원했다.

5 동생은 **九九**단을 어려워한다.

6 전쟁을 하느라고 온 **國力**이 동원되었다.

7 우리나라는 여러 나라와 **國交**를 맺었다.

8 우리 **國軍** 아저씨께 위문편지를 보냅시다.

9 소령 계급장을 단 젊은 **軍人**이 멋있다.

10 '큰 부자는 하늘의 뜻에 달렸고, 작은 부자는 부지런하기에 달렸다' 는 **金言**이 있다.

11 선생님의 성은 **金氏**입니다.

12 옥상에 올라가면 멀리 **南山**이 보인다.

13 **南國**의 정취가 아름답다.

14 그 **女子**는 성품이 온유하다.

15 흥부의 **子女**는 몇 명이죠?

16 그의 **生年**에 대해서는 확실한 기록이 없다.

17 어느덧 **老年**에 들어섰다.

18 그는 마을 일의 **大小**를 가리지 않고 앞장섰다.

19 입장료가 **大人**은 1,000원, 소인은 500원이다.

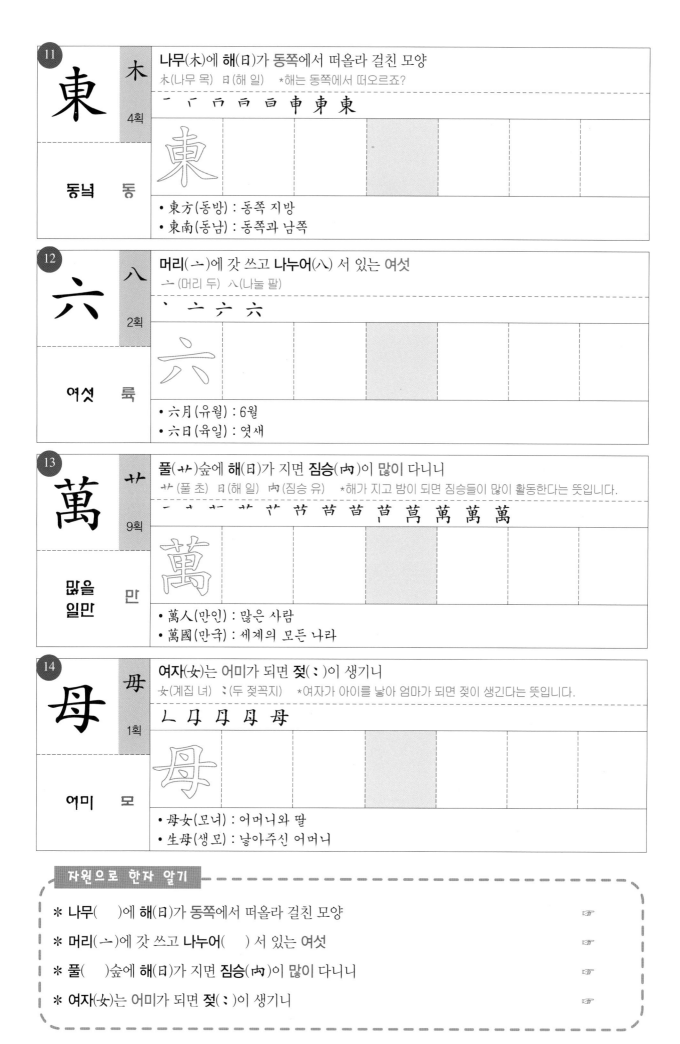

11 東 木 4획	나무(木)에 해(日)가 동쪽에서 떠올라 걸친 모양
	木(나무 목) 日(해 일) *해는 동쪽에서 떠오르죠?
	一 一 一 一 一 一 東 東
동녘 동	• 東方(동방) : 동쪽 지방
	• 東南(동남) : 동쪽과 남쪽

12 六 八 2획	머리(亠)에 갓 쓰고 나누어(八) 서 있는 여섯
	亠(머리 두) 八(나눌 팔)
	丶 亠 亠 六
여섯 륙	• 六月(유월) : 6월
	• 六日(육일) : 엿새

13 萬 艹 9획	풀(艹)숲에 해(日)가 지면 짐승(内)이 많이 다니니
	艹(풀 초) 日(해 일) 内(짐승 유) *해가 지고 밤이 되면 짐승들이 많이 활동한다는 뜻입니다.
	一 十 十 艹 艹 苩 苩 苩 芦 萬 萬 萬
많을 일만 만	• 萬人(만인) : 많은 사람
	• 萬國(만국) : 세계의 모든 나라

14 母 母 1획	여자(女)는 어미가 되면 젖(丷)이 생기니
	女(계집 녀) 丷(두 젖꼭지) *여자가 아이를 낳아 엄마가 되면 젖이 생긴다는 뜻입니다.
	乚 口 口 母 母
어미 모	• 母女(모녀) : 어머니와 딸
	• 生母(생모) : 낳아주신 어머니

자원으로 한자 알기

* 나무(   )에 해(日)가 동쪽에서 떠올라 걸친 모양 ☞

* 머리(亠)에 갓 쓰고 나누어(   ) 서 있는 여섯 ☞

* 풀(   )숲에 해(日)가 지면 짐승(内)이 많이 다니니 ☞

* 여자(女)는 어미가 되면 젖(丷)이 생기니 ☞

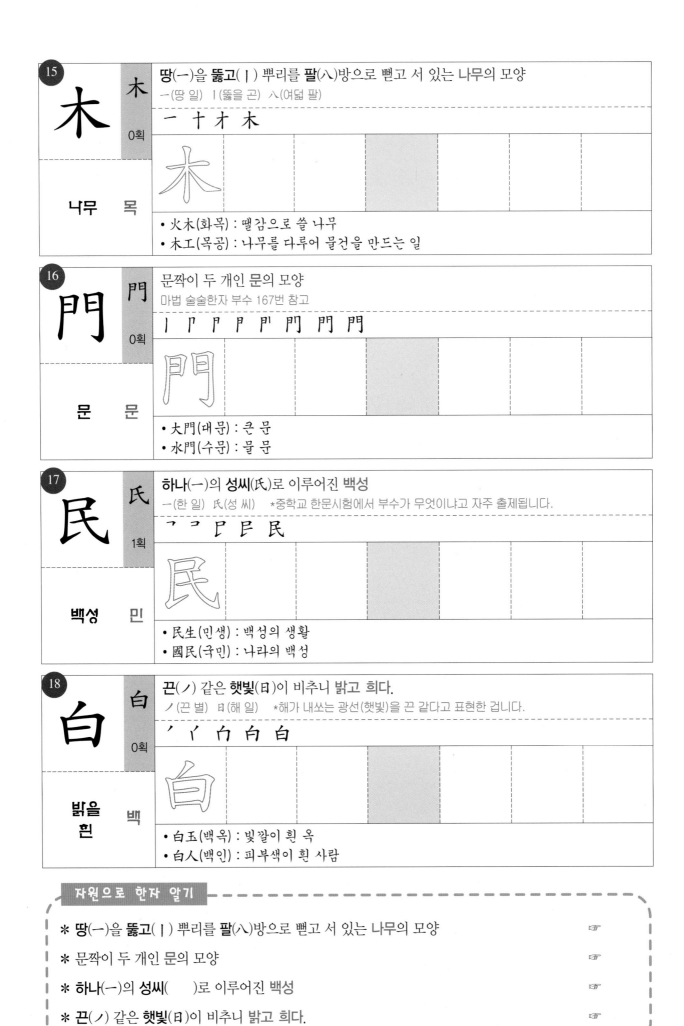

15 木 木 0획 나무 목	땅(一)을 **뚫고**(丨) 뿌리를 **팔**(八)방으로 뻗고 서 있는 나무의 모양 一(땅 일) 丨(뚫을 곤) 八(여덟 팔) 一 十 才 木
	• 火木(화목) : 땔감으로 쓸 나무 • 木工(목공) : 나무를 다루어 물건을 만드는 일

16 門 門 0획 문 문	문짝이 두 개인 문의 모양 마법 술술한자 부수 167번 참고 丨 丨 丨 丨 丨 門 門 門 門
	• 大門(대문) : 큰 문 • 水門(수문) : 물 문

17 民 氏 1획 백성 민	하나(一)의 **성씨**(氏)로 이루어진 **백성** 一(한 일) 氏(성 씨) *중학교 한문시험에서 부수가 무엇이냐고 자주 출제됩니다. ㄱ ㄱ 尸 尸 民
	• 民生(민생) : 백성의 생활 • 國民(국민) : 나라의 백성

18 白 白 0획 밝을 흰 백	끈(ノ) 같은 **햇빛**(日)이 비추니 **밝고 희다.** ノ(끈 별) 日(해 일) *해가 내쏘는 광선(햇빛)을 끈 같다고 표현한 겁니다. ノ ⺁ 白 白 白
	• 白玉(백옥) : 빛깔이 흰 옥 • 白人(백인) : 피부색이 흰 사람

자원으로 한자 알기

＊ 땅(一)을 **뚫고**(丨) 뿌리를 **팔**(八)방으로 뻗고 서 있는 나무의 모양 ☞

＊ 문짝이 두 개인 문의 모양 ☞

＊ 하나(一)의 **성씨**(   )로 이루어진 백성 ☞

＊ 끈(ノ) 같은 **햇빛**(日)이 비추니 밝고 희다. ☞

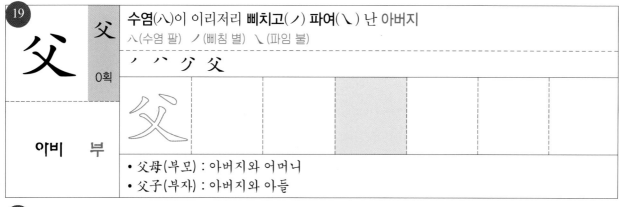

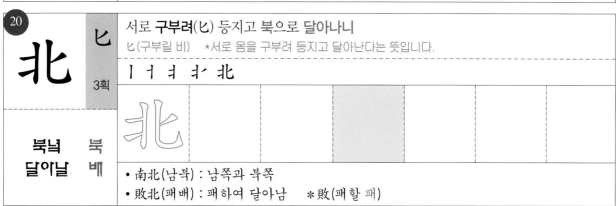

* 수염(八)이 이리저리 **삐치고**(丿) **파여**(乀) 난 아버지   ☞

* 서로 **구부려**( ) 등지고 북으로 달아나니   ☞

一思多得

⑫ 六(여섯 륙) 음의 변화를 주의하세요.

五六月 (오뉴월)

五六日 (오륙일)

六月六日 (유월육일)

⑰ 民(백성 민)의 부수는 뭘까요? .... 氏

부수를 유추하기 어려운 글자가 있습니다. 이러한 글자는 세심한 주의가 필요합니다.

⑳ 北(북녘 북, 달아날 배) 쓰임에 주의하세요.

南北(남북) : 남쪽과 북쪽 .... **북녘 북**

敗北(패배) : 패하여 달아남 .... **달아날 배**

 다음 한자를 나누고 **자원**을 쓰면서 익히세요.

東
동녘 동
= [ ] + [ ]

六
여섯 륙
= [ ] + [ ]

萬
많을 만
= [ ] + [ ] + [ ]

母
어미 모
= [ ] + [ ]

木
나무 목
= [ ] + [ ] + [ ]

門
문 문
=

民
백성 민
= [ ] + [ ]

白
흰 백
= [ ] + [ ]

父
아비 부
= [ ] + [ ] + [ ]

北
북녘 북
=

다음 한자어의 **독음**을 쓰세요.

東	方	東	南	六	月	六	日
萬	人	萬	國	母	女	生	母
火	木	木	工	大	門	水	門
民	生	國	民	白	玉	白	人
父	母	父	子	南	北	敗	北

패할 패

 다음 한자어를 **한자**로 쓰세요.

동녘 동	방위 방	여섯 륙	달 월	많을 만	사람 인	어미 모	딸 녀
불 화	나무 목	큰 대	문 문	백성 민	살 생	흰 백	구슬 옥
아비 부	어미 모	남녘 남	북녘 북	동녘 동	남녘 남	여섯 륙	날 일
많을 만	나라 국	날 생	어미 모	나무 목	만들 공	물 수	문 문
나라 국	백성 민	흰 백	사람 인	아비 부	아들 자	敗 패할 패	달아날 배

23

예문으로 **한자어** 익히기(한자로 쓰인 단어의 뜻을 써보세요.)

1 작년에 **東方**을 여행하였다.

2 **東南**쪽에서 불어오는 바람이 따뜻하다.

3 **六月**의 햇볕이 뜨겁게 느껴진다.

4 유월 **六日**은 현충일이다.

5 그는 숨겨진 선행으로 **萬人**에게 칭찬을 받았다.

6 그는 **萬國**의 평화를 위해 평생을 바쳤다.

7 남자는 모두 전쟁터에 나가고 집에는 **母女**만이 남아 있었다.

8 그의 **生母**는 어린 그를 업고 일을 하였다.

9 산에 취사용 **火木**을 거두러 갔다.

10 가구 회사에 들어가 **木工** 일을 배웠다.

11 온 식구가 **大門** 밖까지 나와 삼촌을 배웅하였다.

12 **水門**이 열리면서 거센 물줄기가 쏟아져 내렸다.

13 경찰은 **民生** 치안을 담당한다.

14 나라의 경제 발전을 위하여 **國民** 각자가 열심히 일해야 할 때이다.

15 **白玉**같이 고운 피부가 부럽다.

16 그는 **白人** 어머니와 흑인 아버지 사이에 태어난 혼혈아다.

17 **父母**의 보살핌 속에 자라다.

18 옆집 **父子**는 휴일마다 함께 등산을 한다.

19 평양에서 **南北** 정상 회담을 개최하였다.

20 결승전에서 아쉽게 **敗北**를 당했다.

21		口	**울타리(口) 안을 걸어(儿) 다니며 동서남북 네 곳을 살피니**
四		2획	口(에울 위) 儿(걷는 사람 인)　*울타리 안을 걸어 다니며 이상이 없는지 살핀다는 뜻입니다.
			丨 冂 冂 四 四
넉	사		四
			• 四方(사방) : 동서남북 네 방위 • 四寸(사촌) : 아버지 친형제의 아들 딸

22		山	**산봉우리가 뾰족하게 솟은 산의 모양**
山		0획	마법 술술한자 부수 44번 참고
			丨 山 山
산	산		山
			• 高山(고산) : 높은 산 • 入山(입산) : 산에 들어감

23		一	**일(一)과 이(二)를 더하면 삼이니**
三		2획	一(한 일) 二(둘 이)
			一 二 三
석	삼		三
			• 三面(삼면) : 세 방면 • 三國(삼국) : 세 나라

24		生	**사람(亻)은 땅(土)에서 나 살아가니**
生		0획	亻(사람 인) 土(땅 토)
			丿 亻 ヒ 牛 生
사람 날 살	생		生
			• 生日(생일) : 태어난 날 • 生食(생식) : 익히지 않고 날로 먹음

자원으로 한자 알기

* **울타리(　) 안을 걸어(儿) 다니며 동서남북 네 곳을 살피니**　☞

* **산봉우리가 뾰족하게 솟은 산의 모양**　☞

* **일(　)과 이(二)를 더하면 삼이니**　☞

* **사람(亻)은 땅(土)에서 나 살아가니**　☞

25 西 서녘 서	西 0획	하나(一)같이 울타리(冂)로 다시 걸어(儿)오는 때는 해가 서쪽으로 질 때니 一(한 일) 冂(에울 위) 儿(걷는 사람 인) *보통 해가 뜨면 밖에 나갔다가 해가 지면 들어오지요?

一 丆 丙 丙 西 西

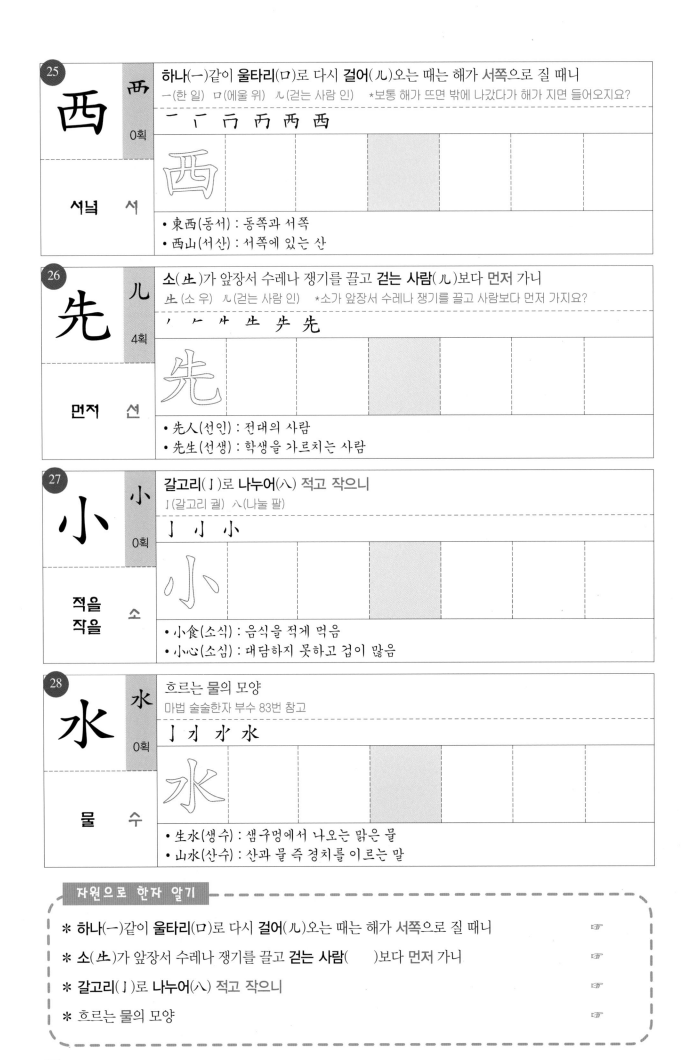

• 東西(동서) : 동쪽과 서쪽
• 西山(서산) : 서쪽에 있는 산

26 先 먼저 선	儿 4획	소(𡳾)가 앞장서 수레나 쟁기를 끌고 걷는 사람(儿)보다 먼저 가니 𡳾(소 우) 儿(걷는 사람 인) *소가 앞장서 수레나 쟁기를 끌고 사람보다 먼저 가지요?

丿 𠂉 𠂆 𡳾 步 先

• 先人(선인) : 전래의 사람
• 先生(선생) : 학생을 가르치는 사람

27 小 적을 작을 소	小 0획	갈고리(亅)로 나누어(八) 적고 작으니 亅(갈고리 궐) 八(나눌 팔)

亅 亅 小

• 小食(소식) : 음식을 적게 먹음
• 小心(소심) : 대담하지 못하고 겁이 많음

28 水 물 수	水 0획	흐르는 물의 모양 마법 술술한자 부수 83번 참고

亅 刁 小 水

• 生水(생수) : 샘구멍에서 나오는 맑은 물
• 山水(산수) : 산과 물 즉 경치를 이르는 말

자원으로 한자 알기

✱ 하나(一)같이 울타리(冂)로 다시 걸어(儿)오는 때는 해가 서쪽으로 질 때니   ☞

✱ 소(𡳾)가 앞장서 수레나 쟁기를 끌고 걷는 사람(   )보다 먼저 가니   ☞

✱ 갈고리(亅)로 나누어(八) 적고 작으니   ☞

✱ 흐르는 물의 모양   ☞

29 室 집 방	宀 6획 실	집(宀)에 이르러(至) 쉬는 방 宀(집 면) 至(이를 지) *일을 마치고 집에 돌아오면 방에 들어가 쉬지요?						
		丶 宀 宀 宀 宓 宓 室 室 室						
		室						
		• 敎室(교실) : 가르치는 방 • 入室(입실) : 방에 들어감						

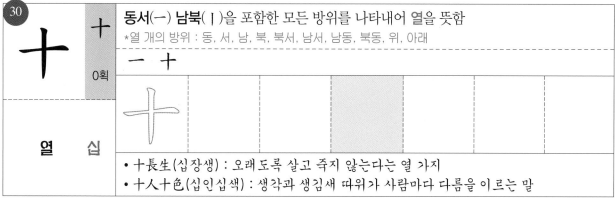

30 十 열 십	十 0획 십	동서(一) 남북(丨)을 포함한 모든 방위를 나타내어 열을 뜻함 *열 개의 방위 : 동, 서, 남, 북, 북서, 남서, 남동, 북동, 위, 아래						
		一 十						
		十						
		• 十長生(십장생) : 오래도록 살고 죽지 않는다는 열 가지 • 十人十色(십인십색) : 생각과 생김새 따위가 사람마다 다름을 이르는 말						

자원으로 한자 알기

* 집(   )에 이르러(至) 쉬는 방 ☞

* 동서(一) 남북(丨)을 포함한 모든 방위를 나타내어 열을 뜻함 ☞

21 四(넉 사) 西(서녘 서) 잘 구별하세요.

四(넉 사) : 울타리(囗) 안을 걸어(儿) 다니며 동서남북 네 곳을 살피니

西(서녘 서) : 하나(一)같이 울타리(囗)로 다시 걸어(儿)오는 때는 해가 서쪽으로 질 때니

29 室(아내 실)

집(宀)에 이르러(至) 아내를 보니 아내란 뜻도 있습니다.

正室(정실) : 본 아내

다음 한자를 나누고 자원을 쓰면서 익히세요.

四
넉 사
= ☐ + ☐

山
산 산
=

三
석 삼
= ☐ + ☐

生
날 생
= ☐ + ☐

西
서녘 서
= ☐ + ☐ + ☐

先
먼저 선
= ☐ + ☐

小
작을 소
= ☐ + ☐

水
물 수
=

室
집 실
= ☐ + ☐

十
열 십
=

다음 한자어의 **독음**을 쓰세요.

四 方	四 寸	高 山	入 山
三 面	三 國	生 日	生 食
東 西	西 山	先 人	先 生
小 食	小 心	生 水	山 水
教 室	入 室		

 다음 한자어를 **한자**로 쓰세요.

넉 사 방위 방	높을 고 산 산	석 삼 방면 면	날 생 날 일
동녘 동 서녘 서	먼저 선 사람 인	적을 소 먹을 식	살 생 물 수
가르칠 교 방 실	넉 사 촌수 촌	들 입 산 산	석 삼 나라 국
살 생 먹을 식	서녘 서 산 산	먼저 선 사람 생	작을 소 마음 심
산 산 물 수	들 입 방 실		

1 **四方**이 산으로 막혔다.

2 **四寸** 누나가 숙제를 도와주었다.

3 산수는 험준하고 날카로운 **高山**들로 이루어져 있다.

4 산림을 보호하기 위하여 등산객들의 **入山**을 제한합니다.

5 우리나라는 **三面**이 바다로 둘러싸여 있다.

6 신라는 **三國**을 통일하였다.

7 **生日**에 친구들을 초대해 잔치를 열었다.

8 야채, 버섯은 주로 **生食**한다.

9 **東西**로 난 길을 따라 걸었다.

10 해가 너울너울 **西山**으로 넘어갔다.

11 속담에는 **先人**들의 웃음과 지혜가 담겨 있다.

12 한문 **先生**님이 꿈이다.

13 그는 체중을 줄이기 위해 **小食**한다.

14 쟤는 덩치는 큰데 의외로 **小心**해.

15 요즘은 **生水**를 돈을 주고 사 먹는 사람이 많다.

16 우리나라는 **山水**가 아름답다.

17 선생님이 **敎室**에 들어서자 아이들은 책을 펴고 수업 준비를 했다.

18 20분 전에 **入室** 하세요.

31		二	하늘땅(二)의 힘(力)은 다섯이니
五		2획	二(하늘땅 이) 力(힘 력) *하늘땅(우주)의 힘(기운)은 木, 火, 土, 金, 水 다섯 가지를 말합니다.
			一 丁 五 五
			五
다섯	오		• 五月(오월) : 오월 • 三三五五(삼삼오오) : 서너 사람 또는 대여섯 사람이 떼를 지은 모양

32		玉	옥(玉)에서 점(ヽ)을 뺀 임금
王		0획	玉(구슬 옥) ヽ(점 주)
			一 二 干 王
			王
임금	왕		• 王子(왕자) : 왕의 아들 • 王國(왕국) : 왕이 다스리는 나라

33		夕	저녁(夕)에 별을 보고 점치려고(卜) 바깥에 나가니
外		2획	夕(저녁 석) 卜(점칠 복) *저녁에 밖에 나가 별을 보고 점친다는 뜻입니다.
			ノ ク タ 列 外
			外
바깥	외		• 室外(실외) : 방의 바깥 • 外國(외국) : 바깥 나라

34		月	이지러진 달의 모양
月		0획	마법 술술한자 부수 72번 참고
			ノ 刀 月 月
			月
달	월		• 月面(월면) : 달의 표면 • 生年月日(생년월일) : 난 해와 달과 날

자원으로 한자 알기

* 하늘땅(　　)의 힘(力)은 다섯이니　　　　　☞

* 옥(　　)에서 점(ヽ)을 뺀 임금　　　　　☞

* 저녁(　　)에 별을 보고 점치려고(卜) 바깥에 나가니　　　☞

* 이지러진 달의 모양　　　　　☞

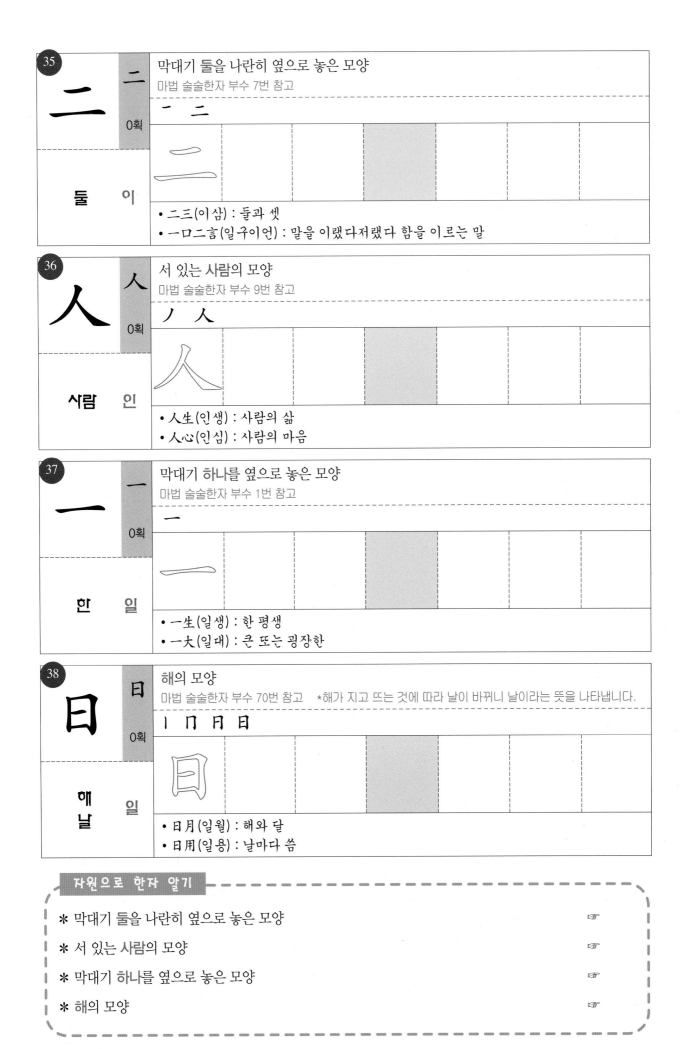

35	二	二 0획	막대기 둘을 나란히 옆으로 놓은 모양
			마법 술술한자 부수 7번 참고
			一 二
둘	이		• 二三(이삼) : 둘과 셋 • 一口二言(일구이언) : 말을 이랬다저랬다 함을 이르는 말

36	人	人 0획	서 있는 사람의 모양
			마법 술술한자 부수 9번 참고
			丿 人
사람	인		• 人生(인생) : 사람의 삶 • 人心(인심) : 사람의 마음

37	一	一 0획	막대기 하나를 옆으로 놓은 모양
			마법 술술한자 부수 1번 참고
			一
한	일		• 一生(일생) : 한 평생 • 一大(일대) : 큰 또는 굉장한

38	日	日 0획	해의 모양
			마법 술술한자 부수 70번 참고 *해가 지고 뜨는 것에 따라 날이 바뀌니 날이라는 뜻을 나타냅니다.
			丨 冂 闩 日
해 날	일		• 日月(일월) : 해와 달 • 日用(일용) : 날마다 씀

자원으로 한자 알기

* 막대기 둘을 나란히 옆으로 놓은 모양 ☞

* 서 있는 사람의 모양 ☞

* 막대기 하나를 옆으로 놓은 모양 ☞

* 해의 모양 ☞

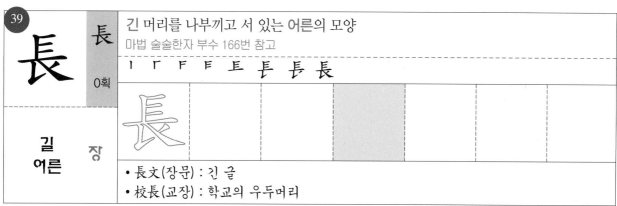

39 長 길 어른	長 0획 長 장	긴 머리를 나부끼고 서 있는 **어른**의 모양 마법 술술한자 부수 166번 참고

長文(장문) : 긴 글
校長(교장) : 학교의 우두머리

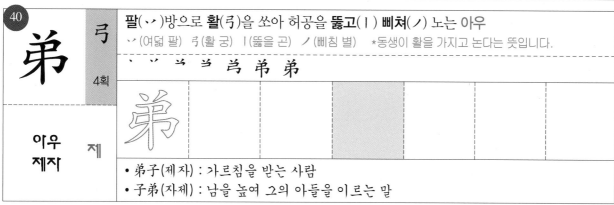

40 弟 아우 제자	弓 4획 弟 제	팔(丷)방으로 **활**(弓)을 쏘아 허공을 **뚫고**(丨) **삐쳐**(丿) 노는 **아우** 丷(여덟 팔) 弓(활 궁) 丨(뚫을 곤) 丿(삐침 별) ★동생이 활을 가지고 논다는 뜻입니다.

弟子(제자) : 가르침을 받는 사람
子弟(자제) : 남을 높여 그의 아들을 이르는 말

자원으로 한자 알기

＊ 긴 머리를 나부끼고 서 있는 **어른**의 모양 ☞

＊ 팔(丷)방으로 **활**( )을 쏘아 허공을 **뚫고**(丨) **삐쳐**(丿) 노는 **아우** ☞

一思多得

---

③③ **外**(외가 외)

바깥이라는 뜻에서 어머니의 친정인 **외가**라는 뜻으로도 쓰입니다.

外家(외가) : 어머니의 친정

③⑧ **日**(해 일, 날 일) 쓰임에 주의하세요.

日出(일출) : 해가 나옴.....................**해 일**

休日(휴일) : 쉬는 날............**날 일**

③⑨ **長**(길 장, 어른 장) 쓰임에 주의하세요.

長短(장단) : 길고 짧음..........**길 장**

校長(교장) : 학교의 우두머리..........**어른 장**

生長(생장) : 나서 자람...**자랄 장**

長點(장점) : 좋은 점.........................**좋을 장**

 다음 한자를 나누고 **자원**을 쓰면서 익히세요.

五 다섯 오	=	☐	+ ☐
王 임금 왕	=	☐	− ☐
外 바깥 외	=	☐	+ ☐
月 달 월	=		
二 둘 이	=		
人 사람 인	=		
一 한 일	=		
日 해 일	=		
長 길 장	=		
弟 아우 제	=	☐ + ☐ + ☐ + ☐	

다음 한자어의 **독음**을 쓰세요.

五 月	王 子	王 國	室 外
外 國	月 面	二 三	人 生
人 心	一 生	一 大	日 月
日 用	長 文	校 長	弟 子
子 弟			

 다음 한자어를 **한자**로 쓰세요.

다섯 오 달 월	임금 왕 아들 자	방 실 바깥 외	달 월 표면 면
둘 이 석 삼	사람 인 살 생	한 일 살 생	해 일 달 월
길 장 글월 문	제자 제 접미사 자	임금 왕 나라 국	바깥 외 나라 국
사람 인 마음 심	한 일 큰 대	날 일 쓸 용	학교 교 어른 장
아들 자 공손할 제			

35

예문으로 한자어 익히기(한자로 쓰인 단어의 뜻을 써보세요.)

1 五月은 가정의 달이다.

2 '낙랑 공주와 호동 王子' 이야기는 슬프다.

3 王國을 세웠다.

4 봄이 되자 室外에서 활동하는 일이 많아졌다.

5 外國으로 여행을 다녀왔다.

6 저 달에서 어둡게 보이는 부분은 실제 月面에서는 깊은 계곡이다.

7 二三 명이 도와주었다.

8 나는 행복한 人生을 살아왔다고 생각한다.

9 내 고향은 경치가 좋고 人心도 좋은 마을이다.

10 그는 一生에 한 번 있을까 말까 하는 기회를 놓쳤다.

11 一大 시련을 겪고 나서 더욱 성숙해졌다.

12 산에서 바라보는 日月은 아름답다.

13 친구는 디자인이 투박한 컵을 日用한다.

14 집에서 보내온 편지는 세 장의 長文이다.

15 초등학교 校長으로 퇴임하였다.

16 스승의 가르침을 따르는 것이 弟子의 도리이다.

17 훌륭한 子弟를 두셨습니다.

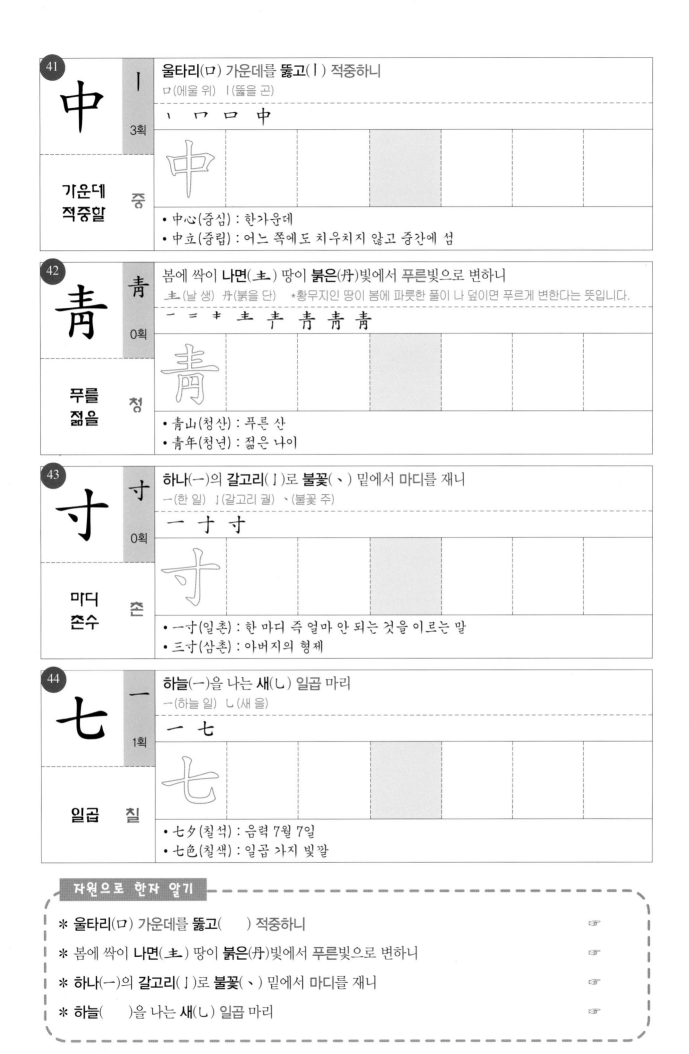

41 中 가운데 적중할	｜ 3획 중	울타리(口) 가운데를 뚫고(｜) 적중하니 口(에울 위) ｜(뚫을 곤) ｜ 口 口 中
		• 中心(중심) : 한가운데 • 中立(중립) : 어느 쪽에도 치우치지 않고 중간에 섬

42 青 푸를 젊을	青 0획 청	봄에 싹이 나면(生) 땅이 붉은(丹)빛에서 푸른빛으로 변하니 生(날 생) 丹(붉을 단) *황무지인 땅이 봄에 파릇한 풀이 나 덮이면 푸르게 변한다는 뜻입니다. 一 = ＝ ≠ 生 丰 青 青 青
		• 青山(청산) : 푸른 산 • 青年(청년) : 젊은 나이

43 寸 마디 촌수	寸 0획 촌	하나(一)의 갈고리(亅)로 불꽃(丶) 밑에서 마디를 재니 一(한 일) 亅(갈고리 궐) 丶(불꽃 주) 一 十 寸
		• 一寸(일촌) : 한 마디 즉 얼마 안 되는 것을 이르는 말 • 三寸(삼촌) : 아버지의 형제

44 七 일곱	一 1획 칠	하늘(一)을 나는 새(乚) 일곱 마리 一(하늘 일) 乚(새 을) 一 七
		• 七夕(칠석) : 음력 7월 7일 • 七色(칠색) : 일곱 가지 빛깔

자원으로 한자 알기

* 울타리(口) 가운데를 뚫고(   ) 적중하니　　　　　　☞

* 봄에 싹이 나면(生) 땅이 붉은(丹)빛에서 푸른빛으로 변하니　　☞

* 하나(一)의 갈고리(亅)로 불꽃(丶) 밑에서 마디를 재니　　☞

* 하늘(   )을 나는 새(乚) 일곱 마리　　　　　　☞

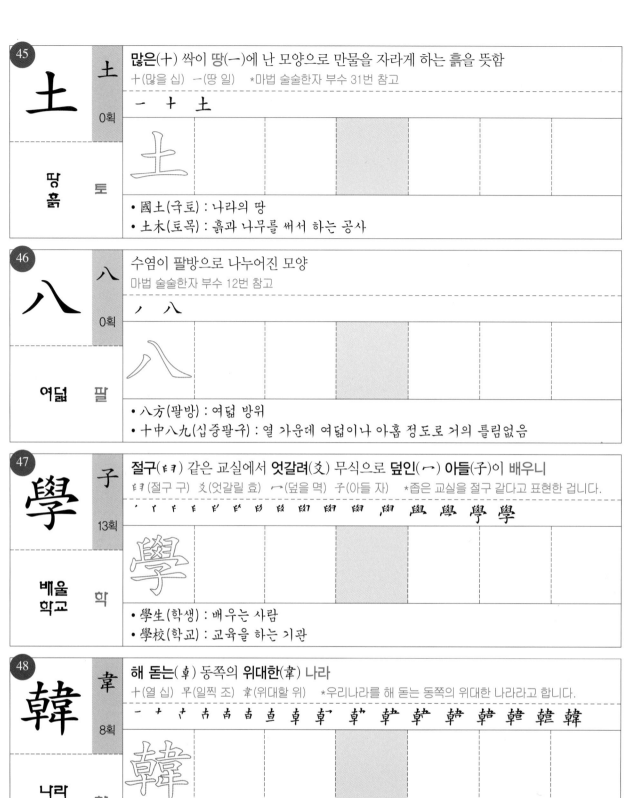

45	土 땅 흙	土 토 0획	많은(十) 싹이 땅(一)에 난 모양으로 만물을 자라게 하는 흙을 뜻함 十(많을 십) 一(땅 일) *마법 술술한자 부수 31번 참고 一 十 土
			• 國土(국토) : 나라의 땅 • 土木(토목) : 흙과 나무를 써서 하는 공사

46	八 여덟	八 팔 0획	수염이 팔방으로 나누어진 모양 마법 술술한자 부수 12번 참고 丿 八
			• 八方(팔방) : 여덟 방위 • 十中八九(십중팔구) : 열 가운데 여덟이나 아홉 정도로 거의 틀림없음

47	學 배울 학교	子 학 13획	절구(臼) 같은 교실에서 엇갈려(爻) 무식으로 덮인(冖) 아들(子)이 배우니 臼(절구 구) 爻(엇갈릴 효) 冖(덮을 멱) 子(아들 자) *좁은 교실을 절구 같다고 표현한 겁니다.
			• 學生(학생) : 배우는 사람 • 學校(학교) : 교육을 하는 기관

48	韓 나라 한국	韋 한 8획	해 돋는(卓) 동쪽의 위대한(韋) 나라 十(열 십) 早(일찍 조) 韋(위대할 위) *우리나라를 해 돋는 동쪽의 위대한 나라라고 합니다.
			*卓(해 돋을 간) : 십(十)일 간 일찍(早) 해가 돋으니 • 韓國(한국) : 대한민국의 약칭

자원으로 한자 알기

* 많은(十) 싹이 땅(一)에 난 모양으로 만물을 자라게 하는 흙을 뜻함 ☞

* 수염이 팔방으로 나누어진 모양 ☞

* 절구(臼) 같은 교실에서 엇갈려(爻) 무식으로 덮인(冖) 아들(   )이 배우니 ☞

* 해 돋는(卓) 동쪽의 위대한(   ) 나라 ☞

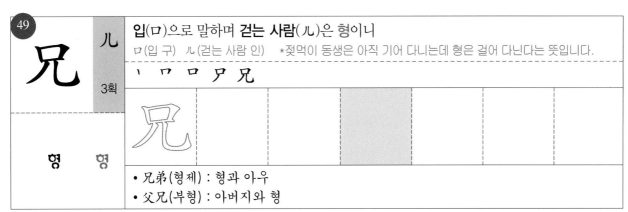

49 兄 3획	儿	입(口)으로 말하며 **걷는 사람**(儿)은 형이니
		口(입 구) 儿(걷는 사람 인)　*젖먹이 동생은 아직 기어 다니는데 형은 걸어 다닌다는 뜻입니다.
		ノ 口 口 尸 兄
형 형		• 兄弟(형제) : 형과 아우 • 父兄(부형) : 아버지와 형

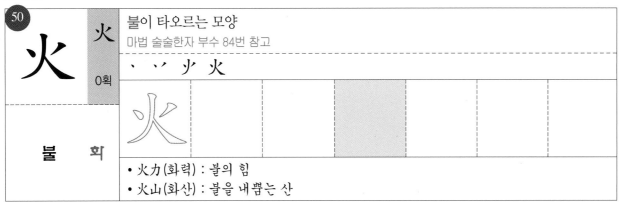

50 火 0획	火	불이 타오르는 모양
		마법 술술한자 부수 84번 참고
		、 、 、 少 火
불 화		• 火力(화력) : 불의 힘 • 火山(화산) : 불을 내뿜는 산

자원으로 한자 알기

＊ 입(口)으로 말하며 **걷는 사람**(　)은 형이니　　　☞

＊ 불이 타오르는 모양　　　☞

一思多得

龶	+	儿	=	先(먼저 선)	소(龶)가 앞장서 수레나 쟁기를 끌고 **걷는 사람**(儿)보다 먼저 가니
口	+		=	兄(형 형)	입(口)으로 말하며 **걷는 사람**(儿)은 형이니

다음 한자를 나누고 **자원**을 쓰면서 익히세요.

中
가운데 중
＝ ☐ ＋ ☐

靑
푸를 청
＝ ☐ ＋ ☐

寸
마디 촌
＝ ☐ ＋ ☐ ＋ ☐

七
일곱 칠
＝ ☐ ＋ ☐

土
흙 토
＝ ☐ ＋ ☐

八
여덟 팔
＝

學
배울 학
＝ ☐ ＋ ☐ ＋ ☐ ＋ ☐

韓
나라 한
＝ ☐ ＋ ☐

兄
형 형
＝ ☐ ＋ ☐

火
불 화
＝

中 心	中 立	青 山	青 年
一 寸	三 寸	七 夕	七 色
國 土	土 木	八 方	學 生
學 校	韓 國	兄 弟	父 兄
火 力	火 山		

 다음 한자어를 **한자**로 쓰세요.

가운데 중	가운데 심	푸를 청	산 산	한 일	마디 촌	일곱 칠	저녁 석
나라 국	땅 토	여덟 팔	방위 방	배울 학	사람 생	한국 한	나라 국
형 형	아우 제	불 화	힘 력	가운데 중	설 립	젊을 청	나이 년
석 삼	촌수 촌	일곱 칠	빛 색	흙 토	나무 목	학교 학	학교 교
아비 부	형 형	불 화	산 산				

41

예문으로 한자어 익히기(한자로 쓰인 단어의 뜻을 써보세요.)

1. 과녁의 中心을 꿰뚫었다.

2. 그는 어느 쪽도 치우치지 않고 中立을 지켰다.

3. 靑山에 살리라.

4. 아버지는 생각하는 것이나 행동하는 것이 아직도 靑年이다.

5. 一寸의 시간이라도 아껴 써야한다.

6. 할머니는 三寸을 믿는다.

7. 七夕에 견우와 직녀가 만난다.

8. 아름다운 七色 무지개가 생겼다.

9. 왜구는 國土를 자주 침범하였다.

10. 우리 마을은 土木공사 중이다.

11. 흙탕을 튀기며 八方으로 흩어졌다.

12. 그의 학원은 한문을 배우려는 學生들로 항상 만원이다.

13. 어머니 學校에 다녀오겠습니다.

14. 韓國 사람은 성실하다.

15. 어머니는 우리 네 兄弟에게 큰 기대를 걸고 계신다.

16. 나도 성실한 父兄을 본받아 부지런하다.

17. 이 가스레인지는 火力이 세다.

18. 火山 폭발로 많은 이재민이 발생했다.

1. 늙은(耂)이가 **아들**(子)을 **치며**(   ) 가르치니   ☞

2. **나무**(   ) 회초리로 맞기도 하며 친구도 **사귀는**(爻) 학교   ☞

3. **끈**(丿)에 앉아 있는 **새**(   ) 아홉 마리   ☞

4. **울타리**(   )를 치고 **창**(戈)을 들고 **인구**(口)와 **땅**(一)을 지키는 나라   ☞

5. 적에게 들키지 않으려고 **덮어**(冖) **수레**(   )까지 위장한 군사   ☞

6. **사람**(人)이 **땅**(一)인 **흙**(土)에서 **팔**(丷)방으로 찾는 귀한 쇠   ☞

7. **열**(   ) 명이 **성**(冂)을 **나누어**(丷) **방패**(干)를 들고 남쪽을 지키니   ☞

8. 무릎을 굽히고 앉아 있는 계집의 모양   ☞

9. **사람**(𠆢)들이 **하나**(一)의 **송곳**(丨)으로 **하나**(一)같이 새로운 달력을 **뚫는**(丨) 해   ☞

10. **하늘**(一)과 통하는 **사람**(人)은 지위가 크고 위대하니   ☞

11. **나무**(   )에 **해**(日)가 동쪽에서 떠올라 걸친 모양   ☞

12. **머리**(亠)에 갓 쓰고 **나누어**(   ) 서 있는 여섯   ☞

13. **풀**(   )숲에 **해**(日)가 지면 **짐승**(禸)이 많이 다니니   ☞

14. **여자**(女)는 어미가 되면 **젖**(丷)이 생기니   ☞

15. **땅**(一)을 **뚫고**(丨) 뿌리를 **팔**(八)방으로 뻗고 서 있는 나무의 모양   ☞

16. 문짝이 두 개인 문의 모양   ☞

17. **하나**(一)의 **성씨**(   )로 이루어진 백성   ☞

18. **끈**(丿) 같은 **햇빛**(日)이 비추니 밝고 희다.   ☞

19. **수염**(八)이 이리저리 **삐치고**(丿) **파여**(乀) 난 아버지   ☞

20. 서로 **구부려**(   ) 등지고 북으로 달아나니   ☞

21. **울타리**(   ) 안을 **걸어**(儿) 다니며 동서남북 네 곳을 살피니   ☞

22. 산봉우리가 뾰족하게 솟은 산의 모양   ☞

23. **일**(   )과 **이**(二)를 더하면 삼이니   ☞

24. **사람**(𠆢)은 **땅**(土)에서 나 살아가니   ☞

25. **하나**(一)같이 **울타리**(囗)로 다시 **걸어**(儿)오는 때는 해가 서쪽으로 질 때니   ☞

26. **소**(土)가 앞장서 수레나 쟁기를 끌고 **걷는 사람**(   )보다 먼저 가니　　　　☞

27. **갈고리**( ])로 **나누어**(八) 적고 작으니　　　　☞

28. 흐르는 물의 모양　　　　☞

29. **집**(   )에 **이르러**(조) 쉬는 방　　　　☞

30. **동서**(一) **남북**( ])을 포함한 모든 방위를 나타내어 **열**을 뜻함　　　　☞

31. **하늘땅**(   )의 **힘**(力)은 다섯이니　　　　☞

32. **옥**(   )에서 **점**(、)을 뺀 임금　　　　☞

33. **저녁**(   )에 별을 보고 **점치려고**(卜) 바깥에 나가니　　　　☞

34. 이지러진 달의 모양　　　　☞

35. 막대기 둘을 나란히 옆으로 놓은 모양　　　　☞

36. 서 있는 사람의 모양　　　　☞

37. 막대기 하나를 옆으로 놓은 모양　　　　☞

38. 해의 모양　　　　☞

39. 긴 머리를 나부끼고 서 있는 어른의 모양　　　　☞

40. **팔**(丷)방으로 **활**(   )을 쏘아 허공을 **뚫고**( ]) **삐쳐**(丿) 노는 아우　　　　☞

41. **울타리**(冂) 가운데를 **뚫고**(   ) 적중하니　　　　☞

42. 봄에 싹이 **나면**(土) 땅이 **붉은**(丹)빛에서 푸른빛으로 변하니　　　　☞

43. **하나**(一)의 **갈고리**( ])로 **불꽃**(、) 밑에서 마디를 재니　　　　☞

44. **하늘**(   )을 나는 **새**(乙) 일곱 마리　　　　☞

45. **많은**(十) 싹이 **땅**(一)에 난 모양으로 만물을 자라게 하는 **흙**을 뜻함　　　　☞

46. 수염이 팔방으로 나누어진 모양　　　　☞

47. **절구**(臼) 같은 교실에서 **엇갈려**(爻) 무식으로 **덮인**(冖) **아들**(   )이 배우니　　　　☞

48. **해 돋는**(旦) 동쪽의 **위대한**(   ) 나라　　　　☞

49. **입**(口)으로 말하며 **걷는 사람**(   )은 형이니　　　　☞

50. 불이 타오르는 모양　　　　☞

다음 한자의 **뜻**과 **음**을 쓰세요.

教	校	九	國	軍	金	南
女	年	大	東	六	萬	母
木	門	民		白	父	北
四	山				三	生
西						先
小	水				室	十
五	王	外		月	二	人
一	日	長	弟	中	青	寸
七	土	八	學	韓	兄	火

1-50번
형성평가

45

다음 뜻과 음을 지닌 한자를 쓰세요.

가르칠 교	학교 교	아홉 구	나라 국	군사 군	쇠 금	남녘 남
계집 녀	해 년	큰 대	동녘 동	여섯 륙	일만 만	어미 모
나무 목	문 문	백성 민		흰 백	아비 부	북녘 북
넉 사	산 산				석 삼	날 생
서녘 서			1-50번 형성평가			먼저 선
작을 소	물 수				집 실	열 십
다섯 오	임금 왕	바깥 외		달 월	둘 이	사람 인
한 일	날 일	길 장	아우 제	가운데 중	푸를 청	마디 촌
일곱 칠	흙 토	여덟 팔	배울 학	나라 한	형 형	불 화

종합평가

敎	校	九	國	軍	金	南
女	年	大	東	六	萬	母
木	門	民		白	父	北
四	山				三	生
西						先
小	水				室	十
五	王	外		月	二	人
一	日	長	弟	中	靑	寸
七	土	八	學	韓	兄	火

1-50번
형성평가

48

가르칠 교	학교 교	아홉 구	나라 국	군사 군	쇠 금	남녘 남
계집 녀	해 년	큰 대	동녘 동	여섯 륙	일만 만	어미 모
나무 목	문 문	백성 민		흰 백	아비 부	북녘 북
넉 사	산 산				석 삼	날 생

1-50번
형성평가

서녘 서						먼저 선
작을 소	물 수				집 실	열 십
다섯 오	임금 왕	바깥 외		달 월	둘 이	사람 인
한 일	날 일	길 장	아우 제	가운데 중	푸를 청	마디 촌
일곱 칠	흙 토	여덟 팔	배울 학	나라 한	형 형	불 화

![icon] 學而時習 -배우고 익히기

1. 다음 뜻에 해당하는 한자를 쓰세요.

동, 서, 남, 북

➡ _____

아버지, 어머니, 형, 아우

➡ _____

일, 월, 화, 수, 목, 금, 토

➡ _____

1, 2, 3, 4, 5, 6, 7, 8, 9, 10

➡ _____

2. 다음 한자어의 독음을 쓰세요.

母子 _____   白軍 _____   父女 _____

先生 _____   水軍 _____   室長 _____

南大門 _____   女學生 _____   外國人 _____

外三寸 _____   中學校 _____   五月 五日 _____

十二月 二十五日 _____

3. 다음 한자어의 뜻을 쓰세요.

校門 _____   大國 _____   山水 _____

生日 _____   王子 _____   人心 _____

日月 _____   韓食 _____   兄弟 _____

4. 다음 한자어를 한자로 쓰세요.

교인(종교를 가지고 있는 사람) ➡

백인(피부색이 흰 사람) ➡

부형(아버지와 형) ➡

토산(흙으로만 이루어진 산) ➡

▲ 해답
1. 東西南北, 父母兄弟, 日-月-火-水-木-金-土, 一, 二, 三, 四, 五, 六, 七, 八, 九, 十
2. 모자, 백군, 부녀, 선생, 수군, 실장, 남대문, 여학생, 외국인, 외삼촌, 중학교, 오월 오일, 십이월 이십오일
3. 학교의 문, 큰 나라, 산과 물, 태어난 날, 왕의 아들, 사람의 마음, 해와 달, 우리나라 음식, 형과 아우
4. 教人, 白人, 父兄, 土山

부 록

반대자 -뜻이 반대되는 한자

教 (가르칠 교)	↔	學 (배울 학)	父 (아비 부)	↔	母 (어미 모)
南 (남녘 남)	↔	北 (북녘 북)	山 (산 산)	↔	水 (물 수)
大 (큰 대)	↔	小 (작을 소)	水 (물 수)	↔	火 (불 화)
東 (동녘 동)	↔	西 (서녘 서)	日 (해 일)	↔	月 (달 월)
民 (백성 민)	↔	王 (임금 왕)	兄 (형 형)	↔	弟 (아우 제)

사자성어 -네 글자로 이루어진 말

國民年金 (국민연금)	늙거나 질병, 사망 따위를 당했을 경우에 본인이나 가족들의 생활 보장을 위하여 지급되는 연금
大韓民國 (대한민국)	우리나라의 국호
東西南北 (동서남북)	동쪽·서쪽·남쪽·북쪽이라는 뜻으로, 모든 방향을 이르는 말
父母兄弟 (부모형제)	아버지·어머니·형·아우
三三五五 (삼삼오오)	서너 사람 또는 대여섯 사람이 떼를 지어 다니거나 무슨 일을 함
生年月日 (생년월일)	태어난 해와 달과 날
十中八九 (십중팔구)	열 가운데 여덟이나 아홉 정도로 거의 대부분이거나 거의 틀림없음

약자 –간략하게 줄여서 쓰는 글자

기본자		약자
教	⇒	教
國	⇒	国

기본자		약자
萬	⇒	万
長	⇒	长

중 앙 에 듀 북 스 **Joongang Edubooks Publishing Co.**
중앙경제평론사 | 중앙생활사 **Joongang Economy Publishing Co./Joongang Life Publishing Co.**

중앙에듀북스는 폭넓은 지식교양을 함양하고 미래를 선도한다는 신념 아래 설립된 교육 · 학습서 전문 출판사로서
우리나라와 세계를 이끌고 갈 청소년들에게 꿈과 희망을 주는 책을 발간하고 있습니다.

마법 **술술한자** ② (한자능력검정시험 8급) 〈최신 개정판〉

초판 1쇄 발행 | 2013년 7월 24일
초판 4쇄 발행 | 2019년 3월 20일
개정초판 1쇄 발행 | 2021년 6월 22일
개정초판 2쇄 발행 | 2024년 3월 20일

지은이 | 박두수(DuSu Park)
펴낸이 | 최점옥(JeomOg Choi)
펴낸곳 | 중앙에듀북스(Joongang Edubooks Publishing Co.)

대　　표 | 김용주
책 임 편 집 | 박두수
본문디자인 | 박근영

출력 | 영신사　종이 | 에이엔페이퍼　인쇄 · 제본 | 영신사

잘못된 책은 구입한 서점에서 교환해드립니다.
가격은 표지 뒷면에 있습니다.

ISBN 978-89-94465-46-3(03700)

등록 | 2008년 10월 2일 제2-4993호
주소 | ㉾04590 서울시 중구 다산로20길 5(신당4동 340-128) 중앙빌딩
전화 | (02)2253-4463(ft) 팩스 | (02)2253-7988
홈페이지 | www.japub.co.kr　블로그 | http://blog.naver.com/japub
네이버 스마트스토어 | https://smartstore.naver.com/jaub　이메일 | japub@naver.com
♣ 중앙에듀북스는 중앙경제평론사 · 중앙생활사와 자매회사입니다.

도서
주문
www.japub.co.kr
전화주문 : 02) 2253 - 4463

https://smartstore.naver.com/jaub
네이버 스마트스토어

중앙에듀북스/중앙경제평론사/중앙생활사에서는 여러분의 소중한 원고를 기다리고 있습니다. 원고 투고는 이메일을
이용해주세요. 최선을 다해 독자들에게 사랑받는 양서로 만들어드리겠습니다. **이메일** | japub@naver.com

1 教	6 金
2 校	7 南
3 九	8 女
4 國	9 年
5 軍	10 大

귀할
쇠
성
금
김

- 金言(금언) : 귀중한 내용의 말
- 金氏(김씨) : 성이 김씨

가르칠
종교
교

- 敎生(교생) : 교육 실습을 받는 사람
- 敎人(교인) : 종교를 가지고 있는 사람

남녘
남

- 南山(남산) : 남쪽에 있는 산
- 南國(남국) : 남쪽에 위치한 나라

학교
교

- 校門(교문) : 학교의 문
- 入校(입교) : 학교에 들어감

계집
딸
녀

- 女子(여자) : 성이 여성인 사람
- 子女(자녀) : 아들과 딸

아홉
구

- 九日(구일) : 아홉째 날
- 九九(구구) : 곱셈 때 계산법의 하나

해
나이
년

- 生年(생년) : 난 해
- 老年(노년) : 늙은 나이

나라
국

- 國力(국력) : 나라의 힘
- 國交(국교) : 나라끼리의 사귐

큰
대

- 大小(대소) : 크고 작음
- 大人(대인) : 성인, 신분이나 관직이 높은 사람

군사
군대
군

- 國軍(국군) : 나라의 군대
- 軍人(군인) : 군대에서 복무하는 사람

11 東	16 門
12 六	17 民
13 萬	18 白
14 母	19 父
15 末	20 北

문	문	동녘	동

- 大門(대문) : 큰 문
- 水門(수문) : 물 문

- 東方(동방) : 동쪽 지방
- 東南(동남) : 동쪽과 남쪽

백성	민	여섯	륙

- 民生(민생) : 백성의 생활
- 國民(국민) : 나라의 백성

- 六月(유월) : 6월
- 六日(육일) : 엿새

밝을 흰	백	많을 일만	만

- 白玉(백옥) : 빛깔이 흰 옥
- 白人(백인) : 피부색이 흰 사람

- 萬人(만인) : 많은 사람
- 萬國(만국) : 세계의 모든 나라

아비	부	어미	모

- 父母(부모) : 아버지와 어머니
- 父子(부자) : 아버지와 아들

- 母女(모녀) : 어머니와 딸
- 生母(생모) : 낳아주신 어머니

북녘 달아날	북 배	나무	목

- 南北(남북) : 남쪽과 북쪽
- 敗北(패배) : 패하여 달아남

- 火木(화목) : 땔감으로 쓸 나무
- 木工(목공) : 나무를 다루어 물건을 만드는 일

21 四	26 先
22 山	27 小
23 三	28 水
24 生	29 室
25 西	30 牛

먼저	선	넉	사

- 先人(선인) : 전대의 사람
- 先生(선생) : 학생을 가르치는 사람

- 四方(사방) : 동서남북 네 방위
- 四寸(사촌) : 아버지 친형제의 아들 딸

작을	소	산	산

- 小食(소식) : 음식을 적게 먹음
- 小心(소심) : 대담하지 못하고 겁이 많음

- 高山(고산) : 높은 산
- 入山(입산) : 산에 들어감

물	수	석	삼

- 生水(생수) : 샘구멍에서 나오는 맑은 물
- 山水(산수) : 산과 물 즉 경치를 이르는 말

- 三面(삼면) : 세 방면
- 三國(삼국) : 세 나라

집방	실	사람날살	생

- 敎室(교실) : 가르치는 방
- 入室(입실) : 방에 들어감

- 生日(생일) : 태어난 날
- 生食(생식) : 익히지 않고 날로 먹음

열	십	서녁	서

- 十長生(십장생) : 오래도록 살고 죽지 않는다는 열 가지
- 十人十色(십인십색) : 생각과 생김새 등이 사람마다 다름

- 東西(동서) : 동쪽과 서쪽
- 西山(서산) : 서쪽에 있는 산

31 五

32 王

33 外

34 月

35 二

36 兄

37 一

38 日

39 長

40 弟

사람 **인**	**다섯** **오**
• 人生(인생) : 사람의 삶 • 人心(인심) : 사람의 마음	• 五月(오월) : 오월 • 三三五五(삼삼오오) : 여러 사람이 떼를 지은 모양
한 **일**	**임금** **왕**
• 一生(일생) : 한 평생 • 一大(일대) : 큰 또는 굉장한	• 王子(왕자) : 왕의 아들 • 王國(왕국) : 왕이 다스리는 나라
해 날 **일**	**바깥** **외**
• 日月(일월) : 해와 달 • 日用(일용) : 날마다 씀	• 室外(실외) : 방의 바깥 • 外國(외국) : 바깥 나라
길 어른 **장**	**달** **월**
• 長文(장문) : 긴 글 • 校長(교장) : 학교의 우두머리	• 月面(월면) : 달의 표면 • 生年月日(생년월일) : 난 해와 달과 날
아우 제자 **제**	**둘** **이**
• 弟子(제자) : 가르침을 받는 사람 • 子弟(자제) : 남을 높여 그의 아들을 이르는 말	• 二三(이삼) : 둘과 셋 • 一口二言(일구이언) : 말을 이랬다저랬다 함을 이르는 말

41 中	46 八
42 青	47 學
43 寸	48 韓
44 七	49 兄
45 土	50 火

여덟   팔

- 八方 (팔방) : 여덟 방위
- 十中八九 (십중팔구) : 열 중 여덟, 아홉 정도로 거의 맞음

가운데
적중할   중

- 中心 (중심) : 한가운데
- 中立 (중립) : 어느 쪽에도 치우치지 않고 중간에 섬

배울
학교   학

- 學生 (학생) : 배우는 사람
- 學校 (학교) : 교육을 하는 기관

푸를
젊을   청

- 靑山 (청산) : 푸른 산
- 靑年 (청년) : 젊은 나이

나라
한국   한

- 韓國 (한국) : 대한민국의 약칭
- 韓食 (한식) : 우리나라 고유의 음식

마디
촌수   촌

- 一寸 (일촌) : 한 마디 즉 얼마 안 되는 것을 이르는 말
- 三寸 (삼촌) : 아버지의 형제

형   형

- 兄弟 (형제) : 형과 아우
- 父兄 (부형) : 아버지와 형

일곱   칠

- 七夕 (칠석) : 음력 7월 7일
- 七色 (칠색) : 일곱 가지 빛깔

불   화

- 火力 (화력) : 불의 힘
- 火山 (화산) : 불을 내뿜는 산

땅
흙   토

- 國土 (국토) : 나라의 땅
- 土木 (토목) : 흙과 나무를 써서 하는 공사

敎室	國土
교실	국토
校門	軍人
교문	군인
校長	南北
교장	남북
國軍	南韓
국군	남한
國民	大門
국민	대문

大小 대소	萬人 만인
大王 대왕	母校 모교
大學 대학	母國 모국
東西 동서	母女 모녀
萬國 만국	母子 모자

白軍 백군	山水 산수
白人 백인	三寸 삼촌
父母 부모	生水 생수
父子 부자	生日 생일
北韓 북한	先生 선생

先人 선인	室外 실외
小人 소인	女軍 여군
水門 수문	女王 여왕
水生 수생	王國 왕국
水中 수중	王子 왕자

外國 외국	弟子 제자
人生 인생	中國 중국
一生 일생	中學 중학
日月 일월	青軍 청군
長女 장녀	青年 청년

青白	韓國
청백	한국
青山	韓日
청산	한일
學校	韓中
학교	한중
學年	兄弟
학년	형제
學生	火山
학생	화산

2단 카드

二 × 五 = 十

二 × 一 = 二

二 × 六 = 十二

二 × 二 = 四

二 × 七 = 十四

二 × 三 = 六

二 × 八 = 十六

漢字로 ♫구구단을 외자! ♪

二 × 四 = 八

二 × 九 = 十八

二 × 五 = ☐

二 × 六 = ☐　　　二 × 一 = ☐

二 × 七 = ☐　　　二 × 二 = ☐

二 × 八 = ☐　　　二 × 三 = ☐

二 × 九 = ☐　　　二 × 四 = ☐

漢字로 ♬구구단을 외자!♪

3단 카드

三 × 五 = 十五

三 × 一 = 三

三 × 六 = 十八

三 × 二 = 六

三 × 七 = 二十一

三 × 三 = 九

三 × 八 = 二十四

漢字로 ♬구구단을 외자!♪

三 × 四 = 十二

三 × 九 = 二十七

三 × 五 = ☐

[3단 보기]
3 × 1 = 3   3 × 5 = 15
3 × 2 = 6   3 × 6 = 18
3 × 3 = 9   3 × 7 = 21
3 × 4 = 12   3 × 8 = 24
               3 × 9 = 27

三 × 六 = ☐   三 × 一 = ☐

三 × 七 = ☐   三 × 二 = ☐

三 × 八 = ☐   三 × 三 = ☐

三 × 九 = ☐   三 × 四 = ☐

4단 카드

四 × 五 = 二十

四 × 一 = 四

四 × 六 = 二十四

四 × 二 = 八

四 × 七 = 二十八

四 × 三 = 十二

四 × 八 = 三十二

四 × 四 = 十六

四 × 九 = 三十六

四 × 五 = [　　]

四 × 六 = [　　]

四 × 一 = [　　]

四 × 七 = [　　]

四 × 二 = [　　]

四 × 八 = [　　]

四 × 三 = [　　]

四 × 九 = [　　]

四 × 四 = [　　]

漢字로 ♬구구단을 외자! ♪

5단 카드

五 × 五 = 二十五

五 × 一 = 五

五 × 六 = 三十

五 × 二 = 十

五 × 七 = 三十五

五 × 三 = 十五

五 × 八 = 四十

五 × 四 = 二十

五 × 九 = 四十五

五 × 五 = ☐

五 × 六 = ☐

五 × 一 = ☐

五 × 七 = ☐

五 × 二 = ☐

五 × 八 = ☐

五 × 三 = ☐

五 × 九 = ☐

五 × 四 = ☐

漢字로 ♬구구단을 외자! ♪

6단 카드

六 × 五 = 三十

六 × 一 = 六

六 × 六 = 三十六

六 × 二 = 十二

六 × 七 = 四十二

六 × 三 = 十八

六 × 八 = 四十八

漢字로 ♬구구단을 외자! ♪

六 × 四 = 二十四

六 × 九 = 五十四

六 × 五 = ☐

[6단 보기]
6 × 1 = 6
6 × 2 = 12
6 × 3 = 18
6 × 4 = 24
6 × 5 = 30
6 × 6 = 36
6 × 7 = 42
6 × 8 = 48
6 × 9 = 54

六 × 六 = ☐

六 × 一 = ☐

六 × 七 = ☐

六 × 二 = ☐

六 × 八 = ☐

六 × 三 = ☐

六 × 九 = ☐

六 × 四 = ☐

7단 카드

七 × 五 = 三十五

七 × 一 = 七

七 × 六 = 四十二

七 × 二 = 十四

七 × 七 = 四十九

七 × 三 = 二十一

七 × 八 = 五十六

七 × 四 = 二十八

七 × 九 = 六十三

七 × 五 = ☐

七 × 六 = ☐

七 × 一 = ☐

七 × 七 = ☐

七 × 二 = ☐

七 × 八 = ☐

七 × 三 = ☐

七 × 九 = ☐

七 × 四 = ☐

漢字로 ♬구구단을 외자! ♪

8단 카드

八 × 五 = 四十

八 × 一 = 八

八 × 六 = 四十八

八 × 二 = 十六

八 × 七 = 五十六

八 × 三 = 二十四

八 × 八 = 六十四

漢字로 ♬구구단을 외자! ♪

八 × 四 = 三十二

八 × 九 = 七十二

八 × 五 = ☐

八 × 六 = ☐

八 × 一 = ☐

八 × 七 = ☐

八 × 二 = ☐

八 × 八 = ☐

八 × 三 = ☐

八 × 九 = ☐

八 × 四 = ☐

漢字로 ♬구구단을 외자!♪

9단 카드

$$九 \times 五 = 四十五$$

$$九 \times 一 = 九$$

$$九 \times 六 = 五十四$$

$$九 \times 二 = 十八$$

$$九 \times 七 = 六十三$$

$$九 \times 三 = 二十七$$

$$九 \times 八 = 七十二$$

漢字로 ♬구구단을 외자!♪

$$九 \times 四 = 三十六$$

$$九 \times 九 = 八十一$$

九 × 五 = ☐

九 × 六 = ☐   九 × 一 = ☐

九 × 七 = ☐   九 × 二 = ☐

九 × 八 = ☐   九 × 三 = ☐

九 × 九 = ☐   九 × 四 = ☐